O educador criativo

Maria Luiza Kraemer

O educador criativo

Maria Luiza Kraemer

PAULUS

Copyright © Paulus 2008

Direção editorial
Claudiano Avelino dos Santos

Coordenação editorial
Jakson Ferreira de Alencar

Projeto gráfico e capa
Walter Mazzuchelli

Ilustrações
Pedrinho

Produção editorial
AGWM Artes Gráficas

Impressão e acabamento
PAULUS

Dados Internacionais de Catalogação na Publicação (CIP)
(Câmara Brasileira do Livro, SP, Brasil)

> Kraemer, Maria Luiza
>   Educador criativo / Maria Luiza Kraemer.
> São Paulo : Paulus, 2008.
>   Coleção Atividades Pedagógicas
>
>   Bibliografia
>   ISBN 978-85-349-2954-7
>
>   1. Brincadeiras 2. Educação de crianças
> 3. Criatividade (Educação) 4. Jogos educativos
> 5. Psicologia de aprendizagem I. Título. II. Série.

08-01966	CDD-371.337

Índices para catálogo sistemático:
1. Atividade lúdicas : Métodos de estudo :
    Educação   371.337

© PAULUS – 2008

Rua Francisco Cruz, 229
04117-091 – São Paulo (Brasil)
Tel.: (11) 5087-3700 – Fax: (11) 5579-3627
www.paulus.com.br
editorial@paulus.com.br
ISBN 978-85-349-2954-7

Sumário

9 INTRODUÇÃO

Parte 1
Educação Infantil: crianças não alfabetizadas

A PARTIR DE 3 ANOS

15 A TARTARUGA TEM SEGREDO!

19 MEMÓRIA E CRIATIVIDADE

23 MEU LIVRO

27 MINHA SANFONA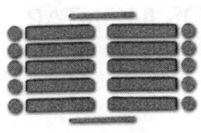

31 PALHAÇO ALEGRE!

39 O PALHAÇO DAS SURPRESAS

43 PIQUENIQUE

47 QUADRADOS COM SURPRESAS!

51 GRAVURA-SURPRESA

57 USE A CRIATIVIDADE!

63 VAMOS MONTAR UM CIRCO!

A PARTIR DE 4 ANOS

69 BRINQUEDOS DO PALHAÇO

73 CUIDADO COM O SEMÁFORO!

77 EU SOU RÁPIDO!

81 MEU GUARDA-TUDO!

85 QUEM SOU?

89 TIQUE-TAQUE

91 NÚMEROS MÁGICOS

Parte 2
Educação Infatil: crianças semi-alfabetizadas

A PARTIR DE 5 ANOS

97 BINGO-SURPRESA!

A PARTIR DE 6 ANOS

105 BINGO "G" ou "J"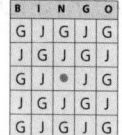

113 CAÇANDO LETRAS

117 GOSTO DE ANIMAIS

121 BIBLIOGRAFIA

Introdução

Os multimeios e suas variadas e atraentes formas de lazer e diversão transformaram o ensino num desafio permanente para professores, pais e educadores em geral.

A experiência tem-nos demonstrado que a busca de informação deve ser sempre motivada desde cedo para que o senso de pesquisa seja internalizado, bem como a obtenção dos dados como um esforço desprendido.

Muitas vezes fica difícil para a criança acompanhar os passos impostos pela sociedade moderna.

Pais, educadores e professores devem procurar entender a criança e o adolescente, tratando-os com muito carinho e amor. Adaptando-os ao meio social como seres capazes. Ensinando-os a conviver. Estimulando-os e incentivando-os a enfrentar e superar os obstáculos diários que a vida pode oferecer. E oportunizando um conhecimento em que o brincar torna-se um alegre aprender, como o fazem as atividades lúdico-educativas.

Sem perder de vista a qualidade de ensino e a adequação de conteúdos à realidade em permanente evolução, o professor precisa buscar novas alternativas para auxiliar a criança a acompanhar as atividades escolares, incluindo atrativos capazes de motivar o educando, com seus interesses, suas limitações e sua forma de viver.

As atividades lúdico-educativas devem ser vistas como uma forma alegre e descontraída de aprender e ao mesmo tempo desenvolver no aluno o espírito crítico e pesquisador, bem como os sentimentos de disciplina, seriedade e respeito mútuo. Fazendo da brincadeira um agradável aprendizado e não somente um simples passatempo ou lazer.

O professor que adota em sua metodologia outros instrumentos está criando automaticamente um agente motivador, está fazendo com que a aprendizagem seja conduzida e encarada como uma meta a ser conquistada na busca do prêmio maior, o conhecimento.

O *Educador criativo* apresenta dezoito atividades lúdico-educativas na primeira parte, destinada à Educação Infantil, para crianças não alfabetizadas; e quatro na segunda parte, destinada também à Educação Infantil, mas para crianças semi-alfabetizadas.

As sugestões apresentadas não estão relacionadas entre si, nem apresentam uma seqüência de pré-requisitos para serem trabalhadas. O professor, usando a sua criatividade, pode enriquecê-las de acordo com as necessidades e a realidade de seus alunos.

O livro trabalha dificuldades comuns dos alunos que freqüentam a Educação Infantil, como coordenação motora, expressão oral, seqüência lógica, socialização, atenção, lateralidade, cores, figuras geométricas, funções do semáforo, noções de tamanho, limite e espaço, números, nomes de alimentos e de frutas, alimentação saudável, leitura de horas, ortografia, vocabulário, alfabeto maiúsculo e minúsculo, troca de letras "g/j" e "s/ss/ç", animais, frases, leitura e operação matemática de adição.

Para alcançar os objetivos propostos, sugere-se o uso de ficha, tabuleiro, roleta, foto, cartela, fichinha, saco plástico, dado, marcador e outros materiais próprios ao interesse de cada idade.

Todas as atividades indicam, além da faixa etária e das principais dificuldades trabalhadas, o número de jogadores, o material necessário e como confeccioná-los, sugerindo a melhor forma de encaminhar a atividade.

Os materiais são de fácil confecção e, de acordo com a realidade de cada turma, podem ser feitos em computador e impressos numa impressora comum. Além disso, o professor pode usar carimbos e gravuras.

É aconselhável o uso da sala de aula para desenvolver as atividades lúdico-educativas apresentadas neste livro. Caso o professor opte por outro ambiente, este deve favorecer a aprendizagem tanto quanto a sala de aula.

PARTE 1

Educação Infantil:
crianças não alfabetizadas

A tartaruga tem segredo!

Especificações

- Participantes: a partir de 3 anos, em grupos de dez crianças.

- Principais dificuldades trabalhadas: atenção, coordenação motora, expressão oral, seqüência lógica e socialização, além de desenvolver conteúdos como cores, animais domésticos e animais selvagens.

- Material: uma tartaruga de "casco móvel" bem colorido.

Material

- Uma tartaruga para cada grupo de dez alunos, confeccionada em EVA ou papel-cartão, de tamanho e formato conforme o sugerido abaixo.

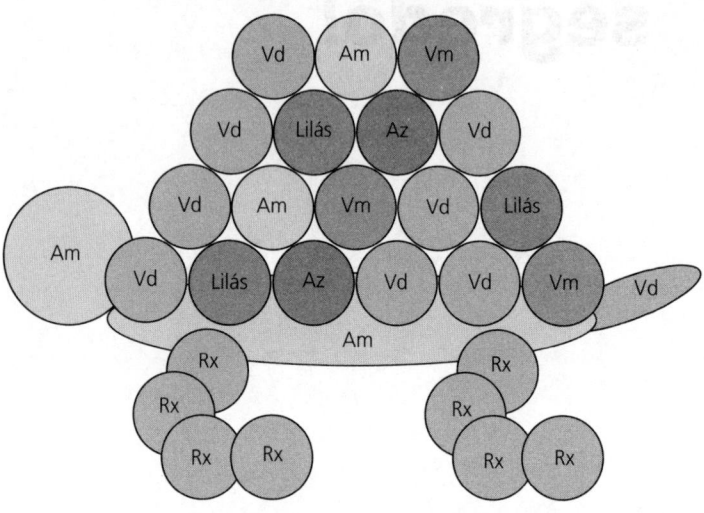

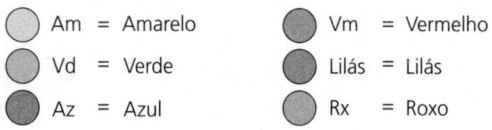

- Am = Amarelo
- Vd = Verde
- Az = Azul
- Vm = Vermelho
- Lilás = Lilás
- Rx = Roxo

- O casco móvel é formado por quantas cores diferentes o professor desejar, permitindo que a criança retire com facilidade as cores da sua preferência. No verso de cada uma das cores, cole a gravura de um animal doméstico como gato, cão, vaca, galinha, coelho.

Como jogar

1 O professor monta a "Tartaruga tem segredo!" no centro de um semicírculo formado pelos alunos sentados no chão.

2 Antes de dar início à atividade, ele faz um breve comentário sobre a tartaruga e inicia um diálogo sobre os animais selvagens.

3 Em seguida, dita uma das cores do casco da tartaruga e registra um ponto para o aluno que primeiro identificar a cor ditada no casco da tartaruga e outro ponto se falar o nome correto da gravura do animal doméstico do verso.

4 Caso acerte apenas a cor, o outro ponto vai para o aluno que primeiro falar corretamente o nome do animal que está naquela cor.

5 Vence o aluno que conquistar maior número de pontos.

6 Oralmente, os alunos estabelecem uma comparação entre os animais domésticos e os animais selvagens.

7 Além de trabalhar com as cores, o professor pode criar diversas outras atividades lúdico-educativas como: pedir às crianças que distribuam as cores do casco da tartaruga de formas diferentes; contem quantos círculos há de cada cor; imitem o caminhar de uma tartaruga; sugerir-lhes que relatem oralmente uma vivência pessoal relacionada com uma tartaruga ou outro animal; e ainda propor a visita a um zoológico.

Memória e criatividade

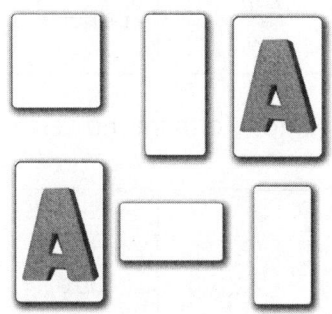

◆ Especificações

- Participantes: a partir de 3 anos, em grupo de quatro jogadores.

- Principais dificuldades trabalhadas: atenção, coordenação motora, socialização, identificação e classificação de números de 1 a 6, cores e lateralidade.

- Material: quarenta quadrados coloridos e um dado.

Material

Os quarenta quadrados devem ter o mesmo tamanho e são confeccionados de tal forma que o conjunto de cada cor tenha um quebra-cabeça no verso. Assim:

• Dez amarelos, que, juntos, formam, no verso, a figura de uma boneca.

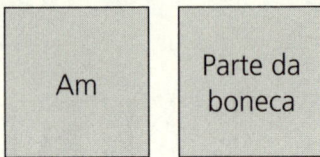

• Dez azuis, que, juntos, formam, no verso, a figura de um carro.

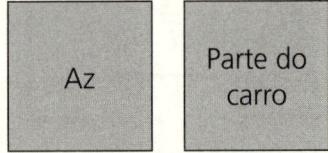

• Dez verdes, que, juntos, formam, no verso, a figura de uma bola.

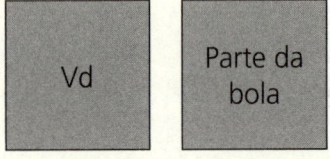

• Dez vermelhos, que, juntos, formam, no verso, a figura de um palhaço.

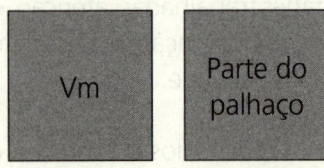

- Material: EVA.

- Um dado para cada grupo de alunos, que pode ser branco e de plástico, de preferência.

Como jogar

Etapa 1

1 Cada jogador escolhe uma cor de quadrados.

2 Os quadrados são colocados sobre a mesa com as gravuras viradas para baixo.

3 O aluno escolhido para iniciar lança o dado. Se o dado mostrar o número 1, 2 ou 3, o jogador retira um quadrado da cor escolhida, não olha o verso, e passa a jogada para o próximo.

4 Se o dado mostrar o número 4 ou 5, o jogador retira dois quadrados da cor escolhida, não olha o verso, e passa a jogada para o próximo.

5 Se o dado mostrar o número 6, o jogador passa a vez.

6 Vence a primeira etapa o jogador que conquistar primeiro os dez quadrados da cor escolhida.

7 O jogo segue até que todos os jogadores tenham conquistado todos os quadrados da cor escolhida.

Etapa 2

1 Os jogadores viram os seus quadrados com as figuras do quebra-cabeça para cima.

2 Vence a segunda etapa o jogador que primeiro montar o quebra-cabeça corretamente.

3 É desclassificado o aluno que iniciar a montagem do quebra-cabeça antes da permissão do professor.

4 Além da atenção, a criança pode usar a sua criatividade e montar personagens, animais e objetos, como casas, castelos, estradas, palhaços, túneis etc.

Meu livro

◆ Especificações

- ◆ Participantes: a partir de 3 anos.

- ◆ Principais dificuldades trabalhadas: atenção, coordenação motora e noção de tempo.

- ◆ Material: folhas de cartolina, cola, fotos dos alunos em sala de aula, revistas ou fotos trazidas de casa.

Material

- Folhas de cartolina coloridas cortadas, de preferência, no formato de uma folha de papel sulfite; depois de cortadas, dobre-as ao meio para montar como um álbum, conforme sugestão abaixo.

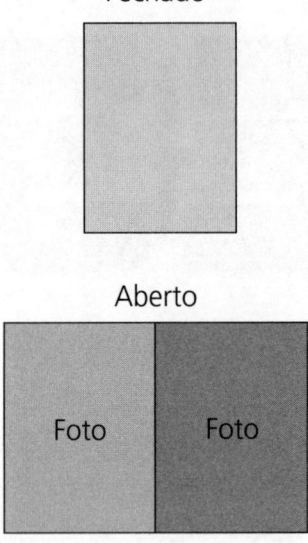

- Cada página apresenta um lugar reservado para a colagem das fotos. A quantidade de páginas fica a critério do professor.

- Material: fotos trazidas de casa ou tiradas na escola, pode-se também utilizar fotos de revistas.

◆ Como jogar

1 Previamente, o professor solicita para os alunos que selecionem algumas fotos.

2 Os alunos colam as fotos, com o auxílio do professor, observando a ordem cronológica dos fatos.

3 Arrumando as fotos em seqüência lógica, a criança compara as várias etapas do seu crescimento e monta a sua linha de tempo, contando oralmente a sua história.

4 Se utilizar fotos de revistas, a criança cria uma história.

5 Individualmente, cada aluno mostra e explica o "Meu livro" para os colegas.

Minha sanfona

◆ Especificações

- Participantes: a partir de 3 anos, em grupos de três jogadores.

- Principais dificuldades trabalhadas: atenção, expressão oral, seqüência lógica, socialização, classificação de cores, identificação de animais e suas onomatopéias, além de estimular a criatividade infantil. Quando aberta, tem como objetivo estimular o gosto pela leitura.

- Material: cartolina e papel colorido.

Material

- Uma sanfona para a turma de alunos, confeccionada com uma tira de cartolina dividida em seis partes iguais, com o tamanho escolhido pelo professor.

- Em cada divisão da cartolina cola-se uma cor diferente de papel e cada cor recebe a gravura de um animal com a grafia da onomatopéia correspondente, conforme sugestão abaixo.

MIAU...	AU...	QUÁ...	PIU...	CÓ...CÓ... RI...CÓ...	MU...
gravura de um gato	gravura de um cão	gravura de um pato	gravura de um pinto	gravura de uma galinha	gravura de uma vaca
GATO	CÃO	PATO	PINTO	GALINHA	VACA

- Sanfona fechada.

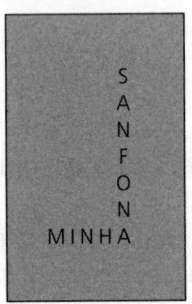

Como jogar

1 A turma é dividida em grupos de três alunos e o professor prende a "sanfona" aberta na lousa.

2 O professor solicita aos alunos que identifiquem as cores mostradas por ele na sanfona.

3 Recebe um ponto o grupo que primeiro classificar as cores.

4 Vence o grupo que conquistar maior número de pontos.

5 Em seguida, o professor lê as palavras da sanfona e os alunos repetem.

6 Em pequenos grupos, os alunos preparam uma dramatização, baseada nos animais da sanfona, e a apresentam à classe.

Palhaço alegre!

◆ Especificações

- Participantes: a partir de 3 anos.

- Principais dificuldades trabalhadas: atenção, coordenação motora, noção de tamanho, expressão oral, seqüência lógica, noção de espaço, lateralidade, identificação de cores e de formas geométricas.

- Material: um tabuleiro, trinta e dois quadrados e quatro triângulos.

Material

◆ Um tabuleiro para cada aluno, conforme sugestão abaixo.

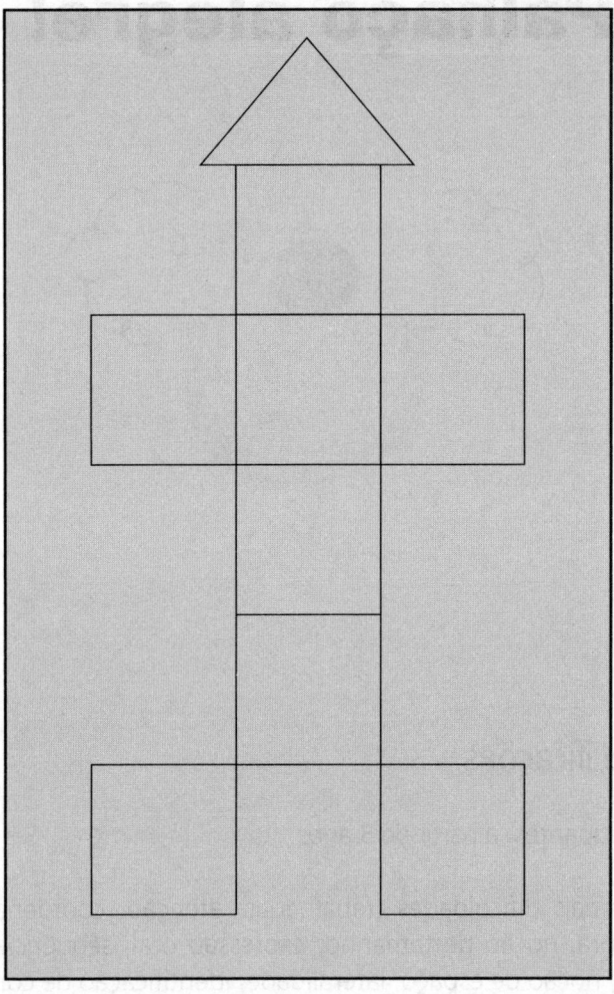

• Forneça para cada aluno vinte e oito quadrados, de tamanho proporcional ao tabuleiro, todos de mesmo tamanho, e montados da seguinte forma: quatro quadrados amarelos, oito azuis, oito verdes e oito vermelhos.

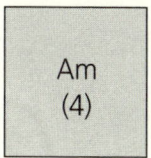 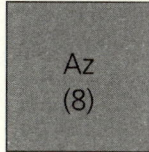 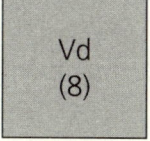 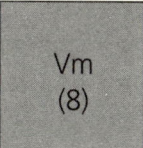

• Forneça também, para cada aluno, quatro quadrados brancos, de mesmo tamanho, com formato de "cara" de palhaço, de preferência conforme sugestão abaixo.

• Forneça ainda, para cada aluno, quatro triângulos de mesmo tamanho: um amarelo, um azul, um verde e um vermelho.

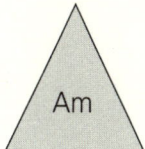 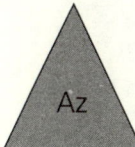 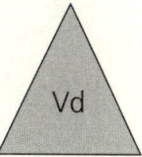 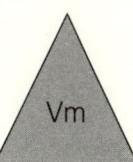

• Todo o material dessa atividade pode ser confeccionado em EVA ou papel-cartão.

Sugestões de palhaços

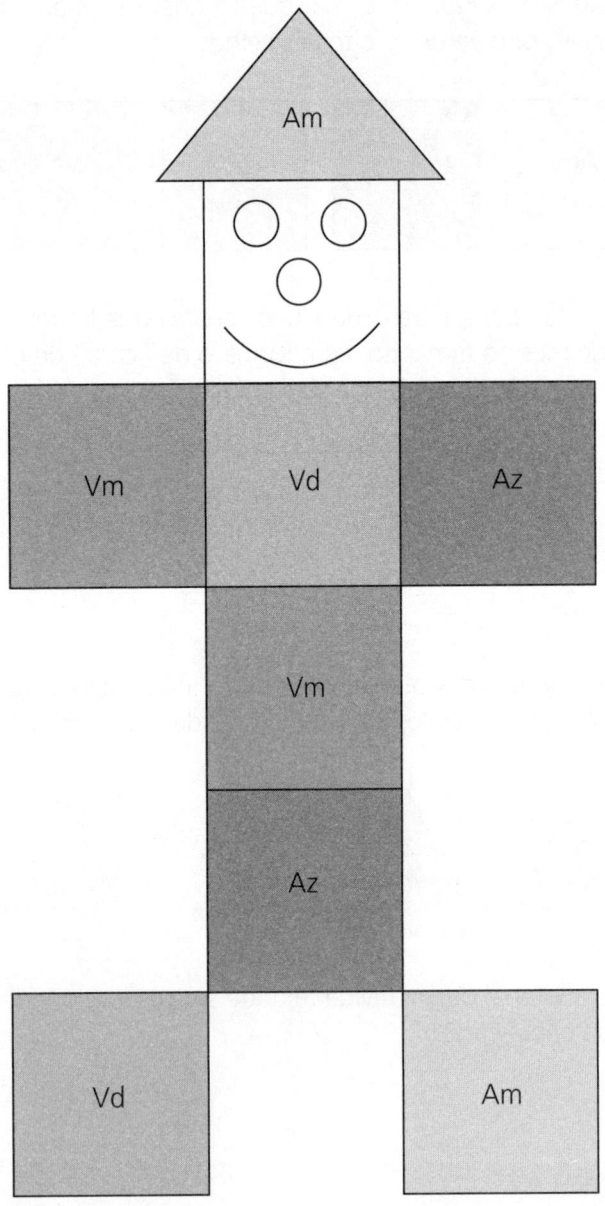

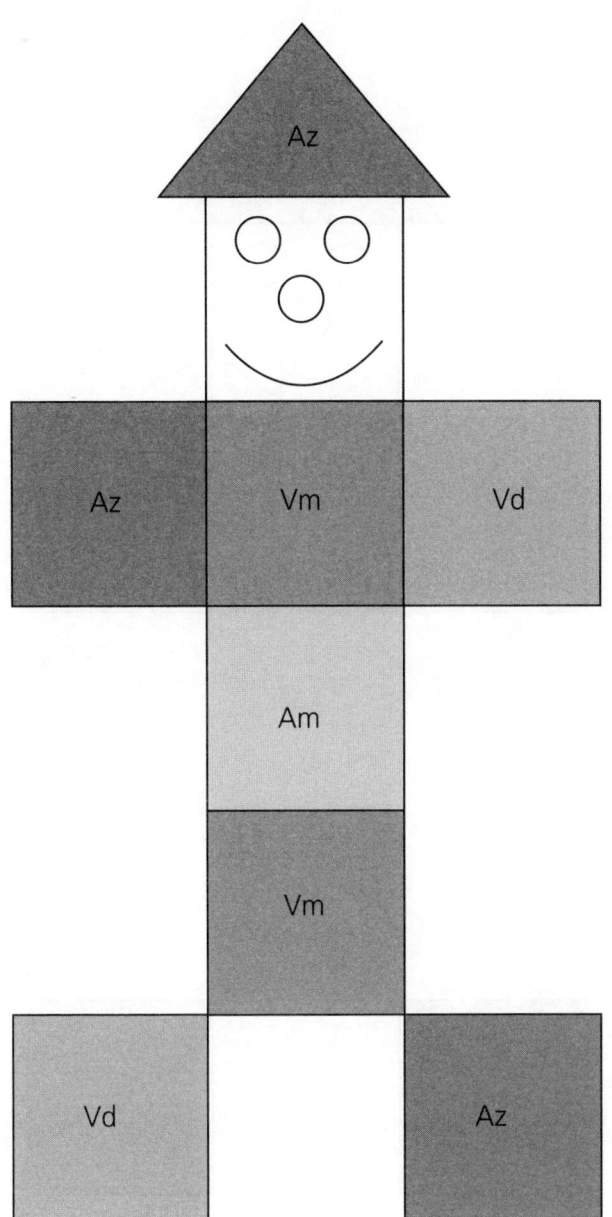

35

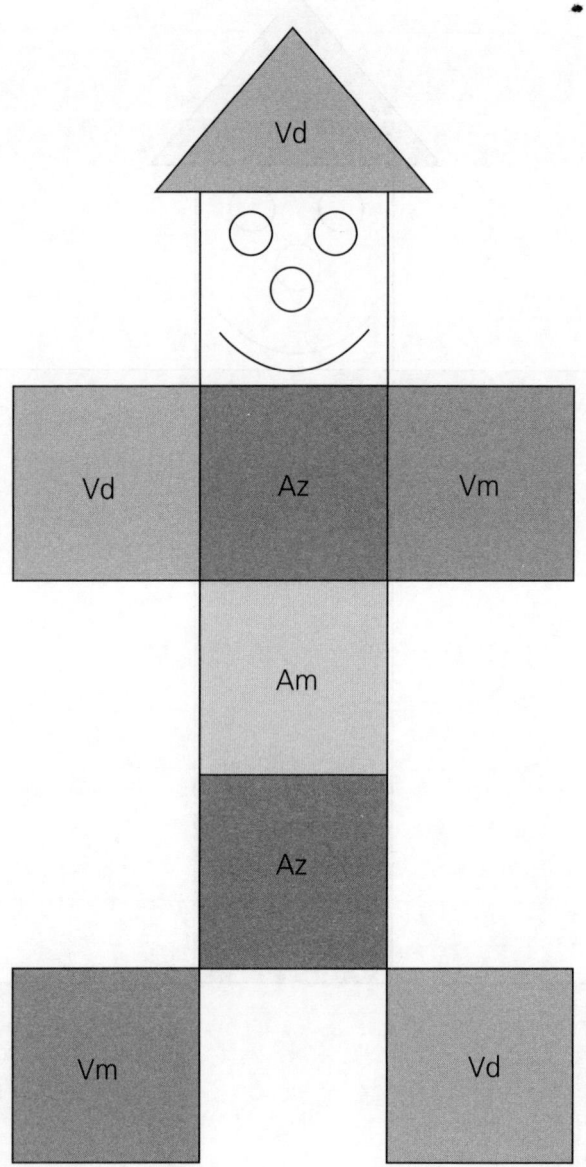

37

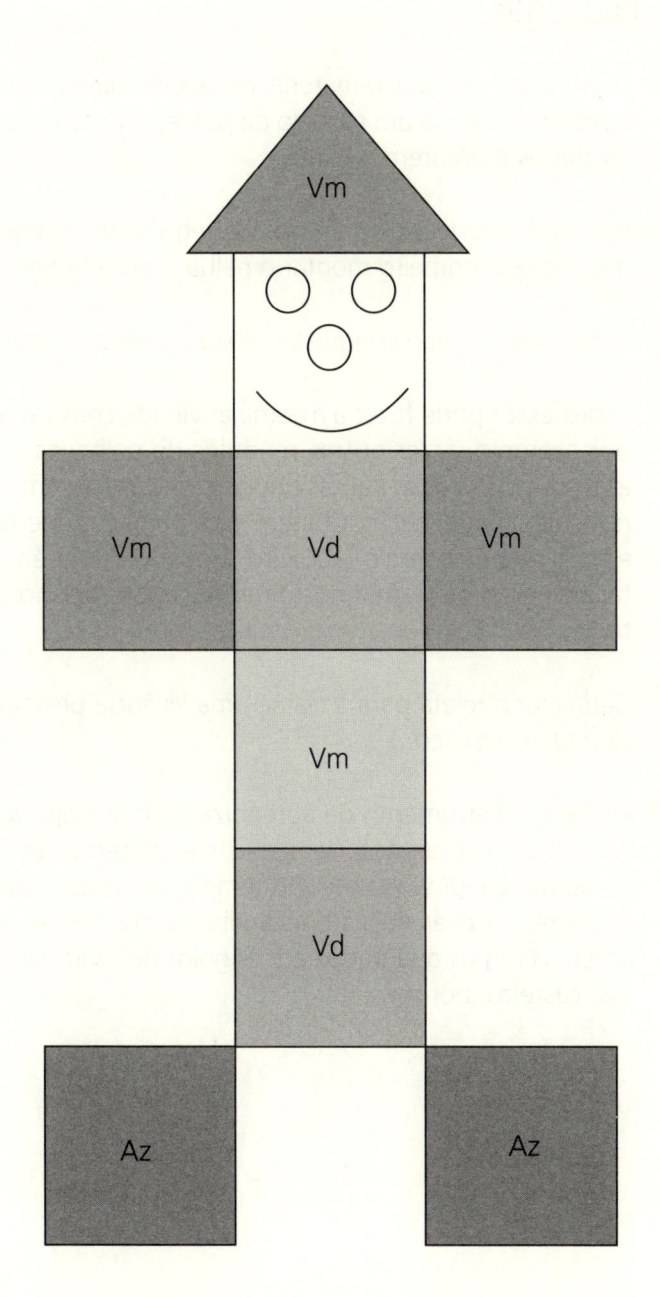

Como jogar

1 O professor distribui o material necessário para cada aluno e prende na lousa um modelo de palhaço de cada vez para os alunos montarem.

2 Para cada modelo de palhaço, ele registra um ponto para o aluno que primeiro montar o palhaço corretamente.

3 Vence o aluno que conquistar maior número de pontos.

4 O professor pode fazer a mesma atividade com variações, por exemplo, fazer outros módulos de palhaços usando as mesmas peças e, depois que as crianças tiverem adquirido habilidade na montagem dos palhaços, pedir que elas as montem sem o tabuleiro. É possível também montar palhaços em tamanhos diferentes para dar noção de tamanho.

5 Cada aluno relata para a classe uma vivência pessoal relacionada com circo.

6 É um rico instrumento de aprendizagem: os objetivos são atingidos pela criança, sem que ela perceba, de forma agradável e lúdica. Ao mesmo tempo, a criança tem oportunidade de criar novas brincadeiras e/ou montar outros objetos com os quadrados e triângulos do jogo, como casas, castelos, bonecos etc.

O palhaço das surpresas

◆ Especificações

- Participantes: a partir de 3 anos, em duplas de jogadores.

- Principais dificuldades trabalhadas: noção de tamanho e de espaço, atenção, socialização, expressão oral, seqüência lógica, coordenação motora, classificação das cores e das formas geométricas.

- Material: papel-cartão ou EVA e cola.

Material

- O professor necessita de círculos coloridos, um triângulo, um quadrado, estrelas e um hexágono para montar o palhaço.

- "O palhaço das surpresas" possui uma abertura na frente, onde são colocadas as surpresas dos alunos (que podem ser figuras de objetos diversos, escolhidos por eles), conforme a sugestão abaixo.

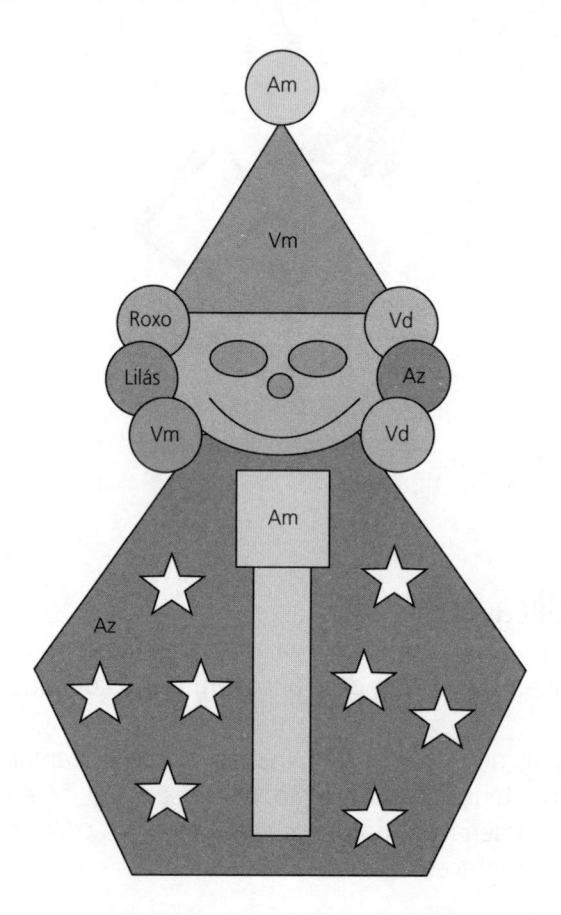

◆ Como jogar

1 A turma é dividida em duplas, e o professor, após montar o palhaço, prende-o na lousa.

2 Ele, então, aponta uma cor de cada vez no palhaço para os alunos identificarem.

3 A dupla que primeiro identificar corretamente cada cor mostrada pelo professor ganha um ponto.

4 Da mesma maneira, a dupla que primeiro identificar cada forma geométrica mostrada pelo professor ganha um ponto.

5 Vence a dupla que conquistar maior número de pontos.

6 Cada aluno cria uma dramatização envolvendo características e atitudes de um palhaço.

7 Ao final os alunos podem tirar as figuras de dentro do palhaço e cada um explica o objeto ou inventa uma historinha, conta alguma situação, envolvendo o objeto que está na figura.

Piquenique

Especificações

- Participantes: a partir de 3 anos, em duplas de jogadores.

- Principais dificuldades trabalhadas: expressão oral, seqüência lógica, socialização com a prática de atividades ao ar livre, noções de hábitos de alimentação saudável e de higiene, e classificação do nome das frutas e suas cores.

- Material: um cesto, uma toalha, revistas e frutas diversas.

Material

♦ Uma toalha de piquenique de tamanho proporcional ao cesto.

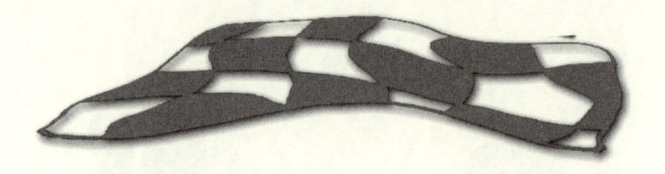

♦ Um cesto.

♦ Catorze frutas diferentes ou gravuras de frutas recortadas de revistas, como: uva, laranja, pêssego, limão, morango, abacaxi, banana, manga, abacate, figo, cereja, pêra, goiaba, tangerina.

Como jogar

1 O professor leva os alunos para o pátio da escola e divide a turma em duplas, sentando-as em círculo, no meio do qual são colocados a toalha e o cesto de frutas.

2 Um aluno de cada vez retira uma fruta e mostra para os colegas.

3 O aluno que primeiro identificar o nome da fruta e as cores da fruta marca um ponto para a dupla.

4 Vence a dupla que conquistar maior número de pontos.

5 No final, o professor orienta um diálogo sobre as vantagens de uma alimentação saudável, os cuidados com a higiene, falando da utilidade da toalha e da limpeza das frutas antes de ingeri-las.

Quadrados com surpresas!

◆ Especificações

- Participantes: a partir de 3 anos, em grupo ou individual.

- Principais dificuldades trabalhadas: atenção, coordenação motora, expressão oral, seqüência lógica, socialização, noção de espaço e identificação das cores.

- Material: dezenove quadrados.

Material

♦ Sete quadrados brancos, de mesmo tamanho, para cada aluno, tendo no verso o contorno das seguintes gravuras: casa, edifício, palhaço, toldo de circo, castelo, estrada, túnel.

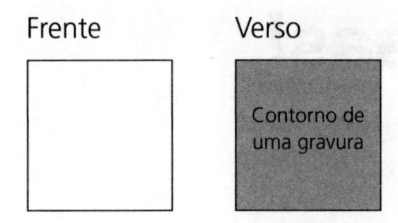

Frente   Verso

                Contorno de
                uma gravura

♦ Os outros doze devem ser confeccionados assim: três amarelos, três azuis, três verdes e três vermelhos, para cada aluno.

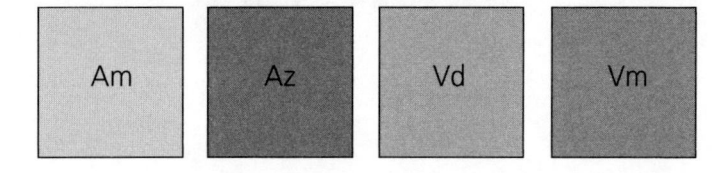

| Am | Az | Vd | Vm |

Como jogar

1 O professor entrega para cada aluno os dezenove quadrados e estipula um tempo para que eles montem a gravura que desejar, tomando como base os contornos recebidos e obedecendo aos critérios estabelecidos pelo professor, como silêncio, postura corporal etc.

2 Cada aluno precisa utilizar todos os quadrados e depois explicar os objetos montados ao grupo, relacionando-os a uma vivência pessoal.

3 Vence o aluno que primeiro realizar a tarefa.

4 Em seguida, o professor orienta um diálogo sobre cores e solicita aos alunos que escolham uma cor de quadrado e a relacione com os objetos montados.

5 No final, o professor orienta um diálogo em que os alunos têm a oportunidade de avaliar a atividade oralmente.

Gravura-surpresa

Especificações

- Participantes: a partir de 3 anos, em grupo ou individual.

- Principais dificuldades trabalhadas: atenção, criatividade, coordenação motora, socialização, noção de espaço, cores e figuras geométricas.

- Material: um tabuleiro e vinte e quatro figuras geométricas.

Material

♦ Um tabuleiro para cada aluno, de tamanho e cor a critério do professor.

♦ Quatro quadrados para cada aluno, de mesmo tamanho e proporcionais ao tabuleiro: um amarelo, um azul, um verde e um vermelho.

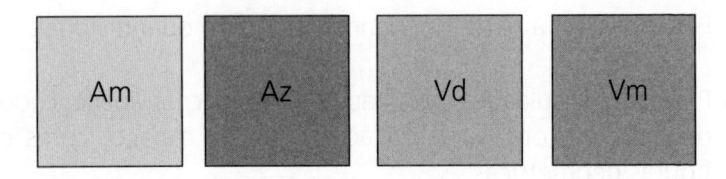

| Am | Az | Vd | Vm |

◆ Quatro retângulos largos para cada aluno, de mesmo tamanho e proporcionais ao tabuleiro: um amarelo, um azul, um verde e um vermelho.

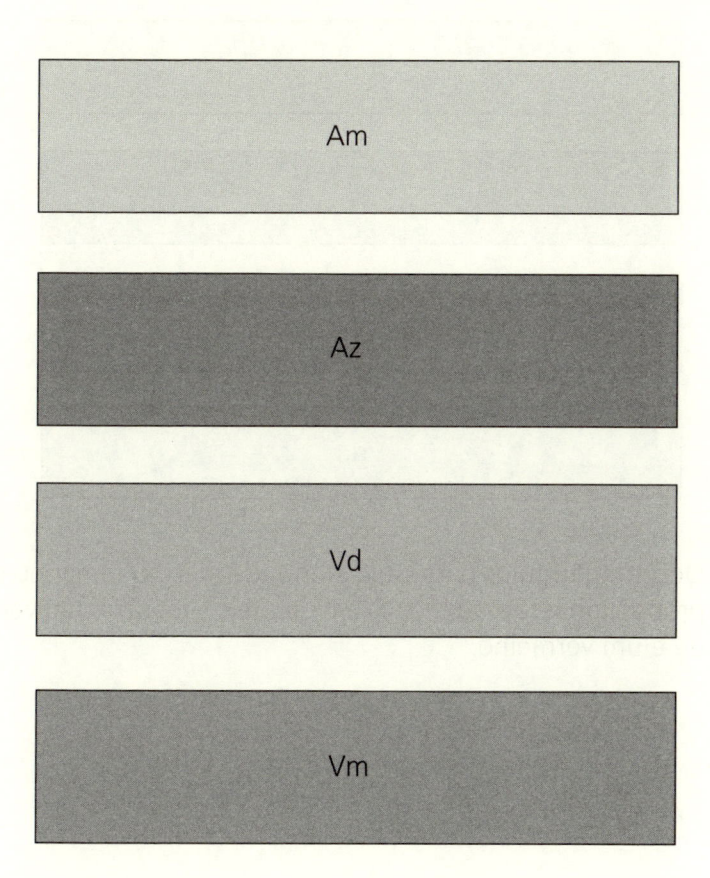

Am

Az

Vd

Vm

- Quatro retângulos estreitos para cada aluno, de mesmo tamanho e proporcionais ao tabuleiro: um amarelo, um azul, um verde e um vermelho.

Am

Az

Vd

Vm

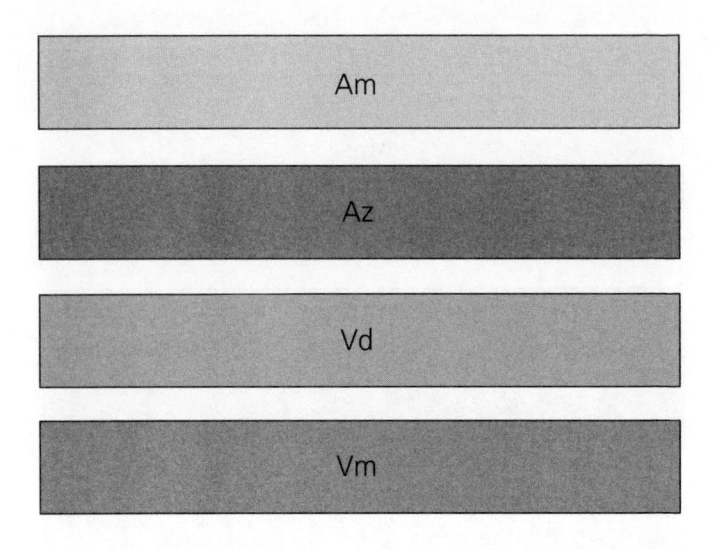

- Quatro triângulos para cada aluno, de mesmo tamanho e proporcionais ao tabuleiro: um amarelo, um azul, um verde e um vermelho.

Am Az Vd Vm

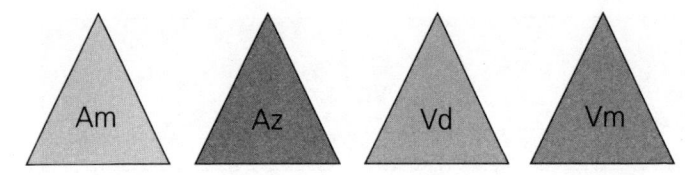

- Quatro círculos para cada aluno, de mesmo tamanho e proporcionais ao tabuleiro: um amarelo, um azul, um verde e um vermelho.

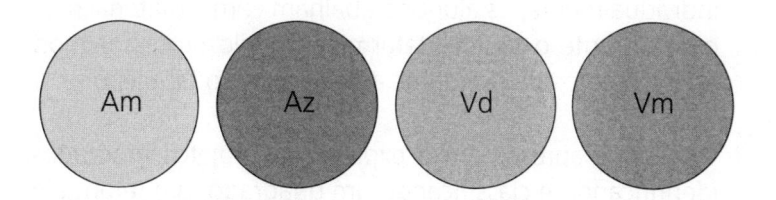

- Quatro círculos desenhados com carinhas para cada aluno, de mesmo tamanho e proporcionais ao tabuleiro: um amarelo, um azul, um verde e um vermelho.

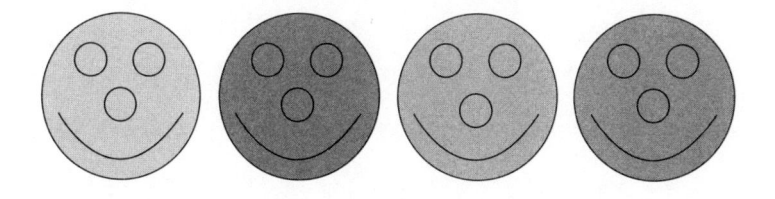

- Todo o material dessa atividade pode ser em EVA ou papel-cartão.

Como jogar

1 O professor distribui todo o material entre os alunos.

2 Em seguida, ele inicia um diálogo sobre cores, e os alunos identificam e classificam, no material recebido, as cores amarela, azul, verde e vermelha.

3 Depois, inicia um diálogo sobre figuras geométricas incluindo quadrado, retângulo, triângulo e círculo.

4 Individualmente, os alunos trabalham com o material recebido durante o tempo determinado pelo professor montando objetos da preferência deles sobre o tabuleiro.

5 Os alunos apresentam e explicam os objetos montados, identificando e classificando um quadrado, um retângulo, um triângulo e um círculo e as respectivas cores.

6 Os objetivos são atingidos pela criança, sem que ela perceba, de forma agradável e lúdica.

Use a criatividade!

◆ Especificações

- ◆ Participantes: a partir de 3 anos, em grupos de quatro jogadores.

- ◆ Principais dificuldades trabalhadas: atenção, noção de limite, criatividade, socialização, identificação de cores e figuras geométricas.

- ◆ Material: um tabuleiro, uma roleta e sessenta e quatro figuras geométricas.

Material

- Um tabuleiro para cada aluno, de tamanho e cor a critério do professor.

- Uma roleta para cada grupo, dividida em cores, conforme sugestão abaixo.

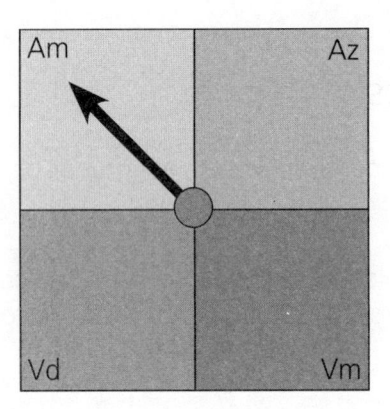

◆ As sessenta e quatro fichas devem ser de mesmo tamanho, proporcionais ao tabuleiro e podem ser assim confeccionadas:

Dezesseis fichas amarelas para cada aluno: quatro quadradas, quatro retangulares, quatro triangulares e quatro circulares.

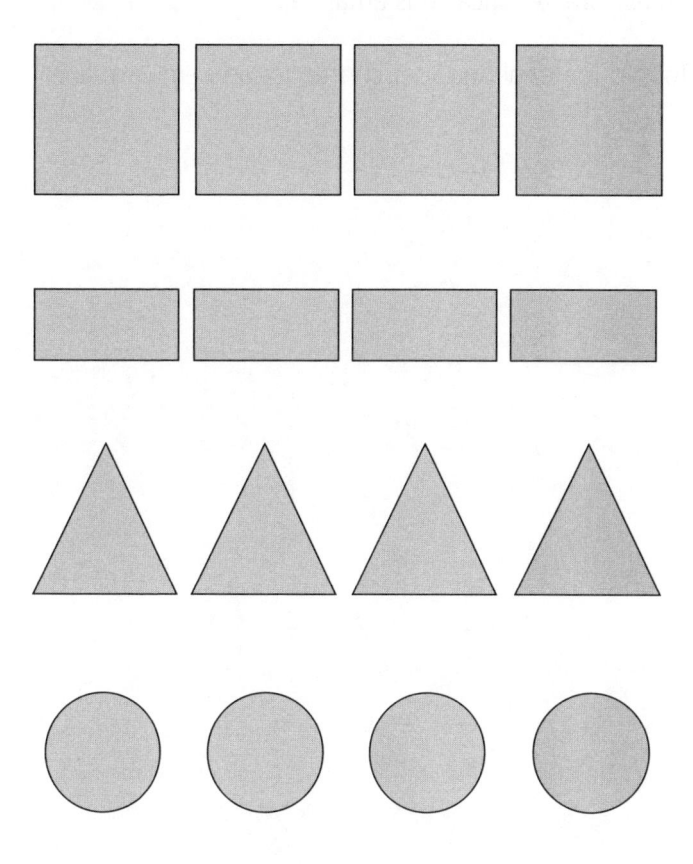

Dezesseis fichas azuis para cada aluno, com as mesmas características das amarelas.

Dezesseis fichas verdes para cada aluno, com as mesmas características das amarelas.

Dezesseis fichas vermelhas para cada aluno, com as mesmas características das amarelas.

- Todo o material pode ser confeccionado em cartolina.

Como jogar

1 A turma é dividida em grupos e as fichas são colocadas sobre a mesa. Cada grupo recebe uma roleta e cada jogador recebe um tabuleiro.

2 Cada jogador escolhe uma das cores da roleta.

3 O jogador escolhido para iniciar roda a roleta.

4 Se a seta da roleta parar na cor escolhida pelo jogador, ele retira uma ficha dessa cor com o formato de sua preferência e passa a jogada para o próximo.

5 O jogador perde a vez se a seta da roleta não parar na cor escolhida por ele.

6 Vence o jogador que conseguir pegar da mesa todas as fichas da cor escolhida, colocá-las sobre o tabuleiro, formando uma ou mais figuras, e explicá-las para os demais jogadores.

7 Seguir o jogo até que todas as fichas tenham sido retiradas da mesa e colocadas sobre os tabuleiros em forma de gravura.

8 Individualmente, a criança pode montar casas, castelos, estradas e cercas de divisão.

Vamos montar um circo!

Especificações

- Participantes: a partir de 3 anos, em grupos de três jogadores.

- Principais dificuldades trabalhadas: atenção, coordenação motora, identificação das cores, noção de espaço, expressão oral, seqüência lógica e lateralidade.

- Material: trinta e seis quadrados, onze triângulos, quatro retângulos e miniaturas de animais.

Material

- Os quadrados devem ser de mesmo tamanho e podem ser confeccionados assim:

  Trinta e um quadrados para cada grupo: oito amarelos, onze azuis, quatro verdes e oito vermelhos.

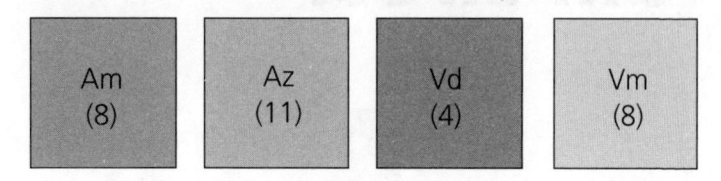

  | Am (8) | Az (11) | Vd (4) | Vm (8) |

  Cinco quadrados brancos para cada grupo, com desenho de "carinhas", todos de mesmo tamanho.

- Onze triângulos, de mesmo tamanho, para cada grupo: três amarelos, dois azuis, três verdes e três vermelhos.

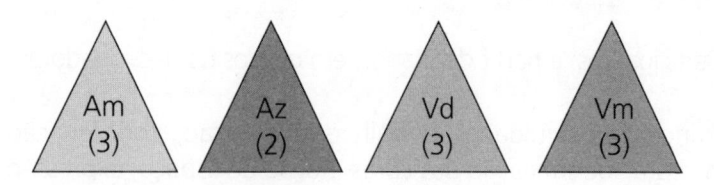

  | Am (3) | Az (2) | Vd (3) | Vm (3) |

- Quatro retângulos vermelhos para cada grupo, dois maiores e dois menores.

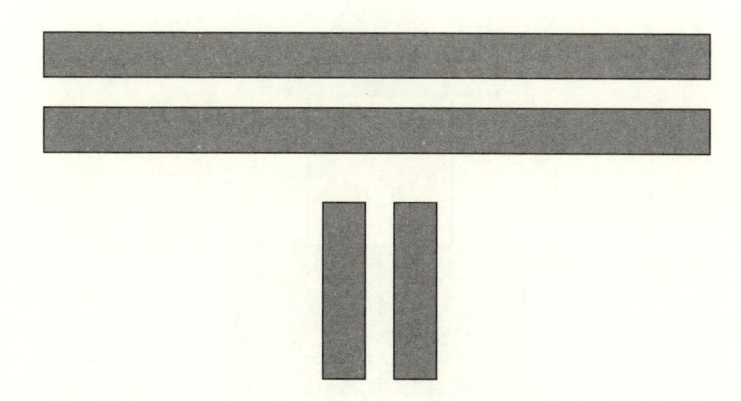

- Os alunos formam um cercado com os retângulos e colocam dentro dele as miniaturas de animais, como elefante, leão, tigre, macaco.

- Todo o material dessa atividade pode ser confeccionado em EVA.

Sugestões de modelos de palhaços

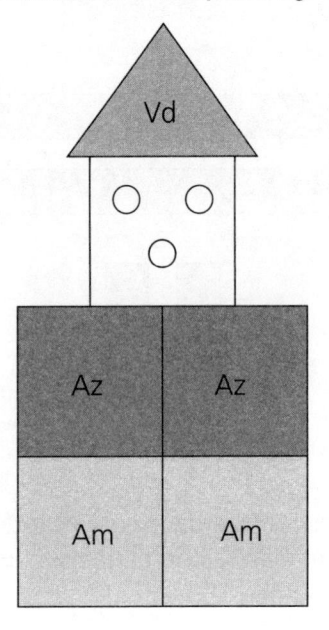

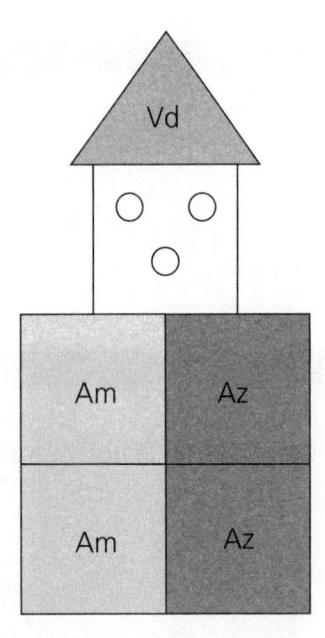

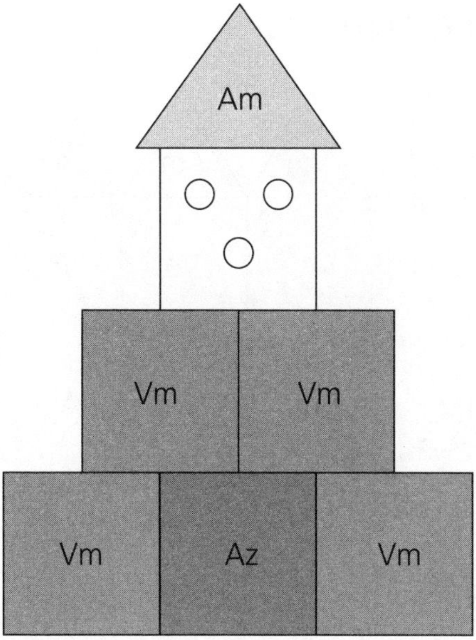
Am
Vm
Vm
Vm
Az
Vm

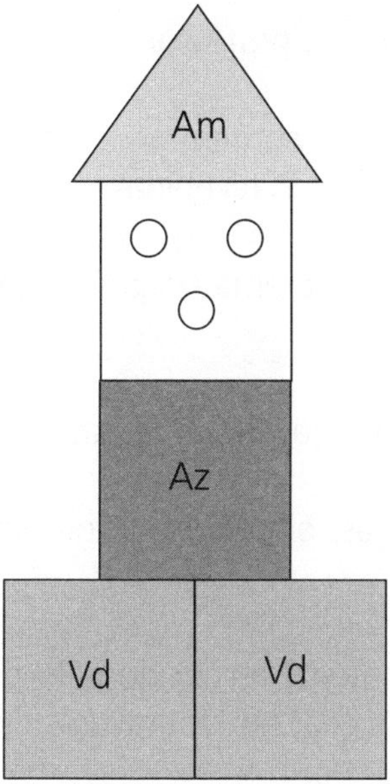
Am
Az
Vd
Vd

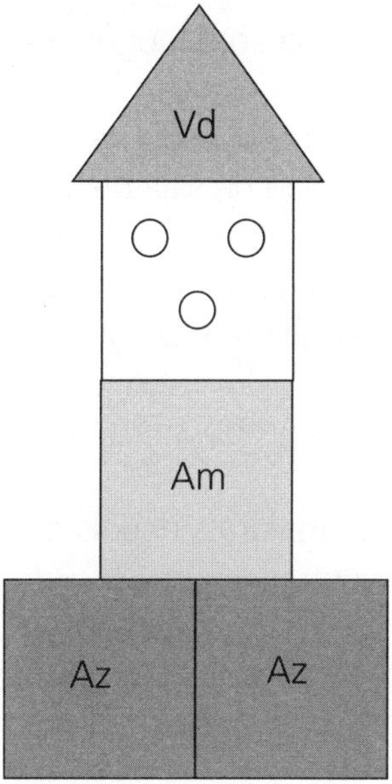
Vd
Am
Az
Az

Sugestão de circo

Vd	Az	Vm	Am	Az	Vm
Am	Vm	Az	Vd	Vm	Am
Vm	Az	Vd	Vm	Am	AZ

Como jogar

1 Os alunos são divididos em pequenos grupos e cada grupo recebe o material produzido.

2 A duração do jogo é estipulada pelo professor.

3 O professor solicita aos alunos que montem uma gravura, no chão da sala de aula, com as peças recebidas.

4 Em seguida, os grupos criam uma dramatização baseada na gravura montada.

5 Cada grupo apresenta a dramatização criada à classe.

6 As gravuras, depois de montadas, podem servir de ornamento.

7 A criança, usando o mesmo material fornecido pelo professor e a sua criatividade, pode criar novas gravuras.

Brinquedos do palhaço

Especificações

- Participantes: a partir de 4 anos.

- Principais dificuldades trabalhadas: atenção, expressão oral, seqüência lógica, socialização, noção de lateralidade e classificação de cores e de formas geométricas.

- Material: um palhaço e seis fichas.

Material

* Um palhaço para a turma de alunos, conforme modelo abaixo, confeccionado em EVA, com tamanho, formato e cores, conforme o sugerido.

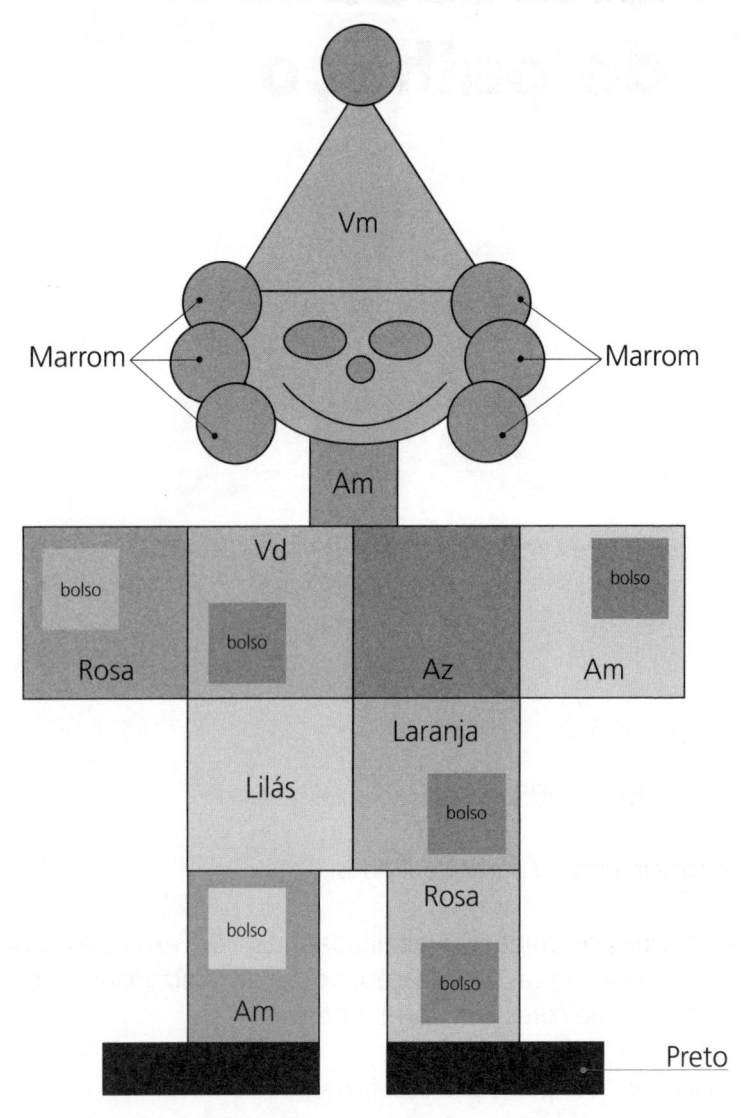

Vm

Marrom ← → Marrom

Am

Vd

bolso

bolso

Rosa   Az   Am

bolso

Laranja

Lilás

bolso

Rosa

bolso

bolso

Am

Preto

* Seis fichas, que serão escondidas nos bolsos do palhaço, confeccionadas com gravuras como a sugestão abaixo.

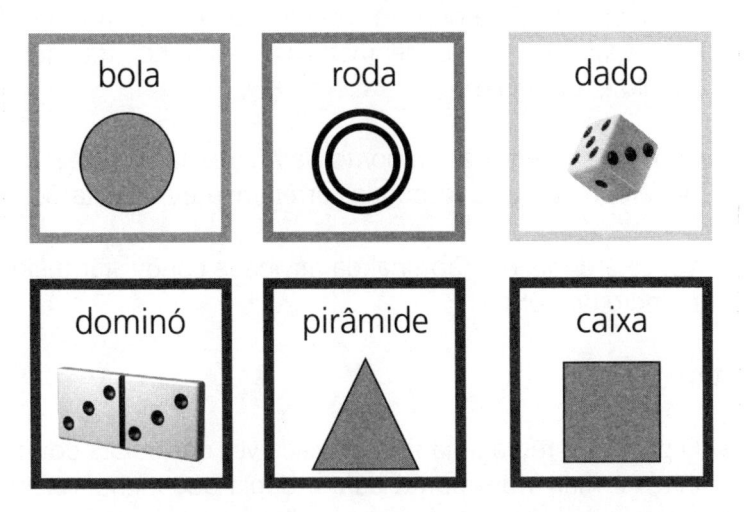

| bola | roda | dado |
| dominó | pirâmide | caixa |

Como jogar

Etapa 1

1 O professor fixa o palhaço na lousa e divide a turma em duplas de alunos.

2 Em seguida solicita aos alunos que identifiquem e classifiquem, uma de cada vez, as seguintes cores: marrom, vermelho, amarelo, verde, azul, laranja, rosa, lilás e preto.

3 Vence a dupla de alunos que identificar e classificar o maior número de cores do palhaço.

Etapa 2

1 Um aluno de cada dupla é solicitado para identificar uma das seguintes figuras geométricas: quadrado, triângulo, círculo e retângulo.

2 O professor registra um ponto para a dupla toda vez que um aluno da dupla responde corretamente à solicitação.

3 Vence a dupla que no final da atividade conquistar maior número de pontos.

Etapa 3

1 O professor retira uma ficha de cada vez dos bolsos do palhaço e marca um ponto para a dupla que identificar na gravura da ficha uma forma semelhante a uma das figuras geométricas do próprio palhaço.

2 Vence a dupla que conquistar maior número de pontos.

3 Inúmeras brincadeiras de esconder objetos e adivinhar os nomes dos objetos escondidos nos bolsos do palhaço podem ser criadas pelo professor.

Cuidado com o semáforo!

Especificações

- Participantes: a partir de 4 anos.

- Principais dificuldades trabalhadas: identificar e classificar as cores, principalmente o significado das cores de um semáforo e sua função, coordenação motora, expressão oral, seqüência lógica, atenção e socialização.

- Material: três quadrados de fundo branco.

Material

♦ Três quadrados, para a turma de alunos, de mesmo tamanho e fundo branco, com pequenos círculos desenhados em seu centro, sendo um na cor vermelha, outro na cor amarela e outro na cor verde.

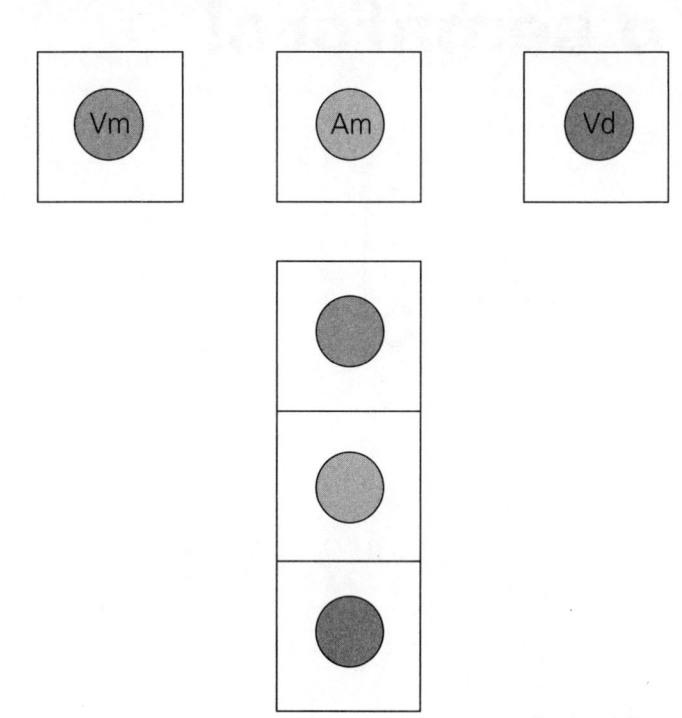

♦ Podem ser feitos em EVA ou cartolina.

Como jogar

1 A turma é dividida em duplas e com o auxílio dos alunos o professor fixa os quadrados na lousa de tal forma que imitem um semáforo.

2 O professor solicita aos alunos que identifiquem e classifiquem as cores verde, amarela e vermelha do semáforo.

3 Ele, então, registra um ponto para a dupla que primeiro responder a cada solicitação corretamente.

4 Em seguida, o professor solicita o significado de cada cor de um semáforo para os pedestres e para os motoristas.

5 O professor marca um ponto para a dupla que primeiro responder à solicitação corretamente.

6 Vence a dupla que conquistar maior número de pontos.

7 O professor ainda pode criar inúmeras atividades para estimular a criatividade infantil: brincar de trânsito, simular a sinalização de ruas e a correta atitude de motoristas e pedestres diante dos semáforos são apenas alguns exemplos.

Eu sou rápido!

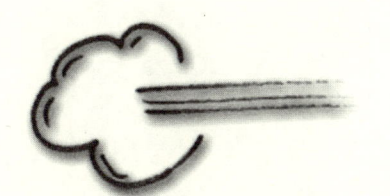

Especificações

- Participantes: a partir de 4 anos, em grupos de quatro jogadores.

- Principais dificuldades trabalhadas: identificação e classificação de cores, números e figuras geométricas, socialização, noção de limite e de espaço.

- Material: um círculo, um dado, doze quadrados, doze triângulos, doze retângulos.

Material

◆ Um círculo para cada grupo, de tamanho e cor conforme sugestão abaixo.

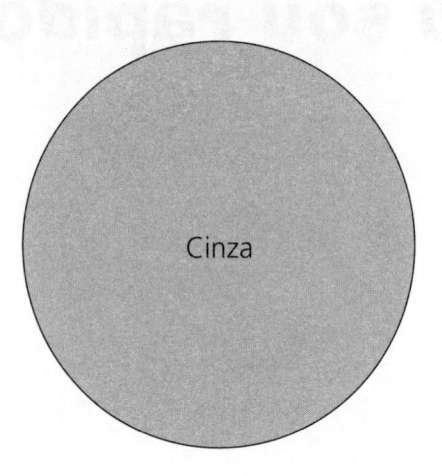

Cinza

◆ Doze quadrados de tamanho proporcional ao círculo para cada grupo, que podem ser confeccionados assim: três quadrados amarelos, três azuis, três verdes e três vermelhos, de acordo com a sugestão abaixo.

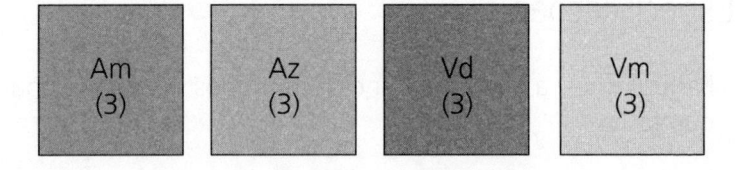

| Am (3) | Az (3) | Vd (3) | Vm (3) |

- Doze retângulos de mesmo tamanho para cada grupo, que podem ter as seguintes cores: três retângulos amarelos, três azuis, três verdes e três vermelhos.

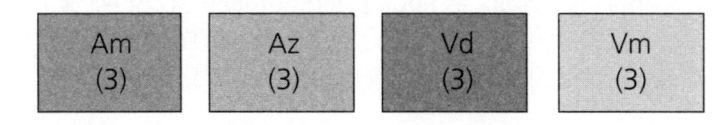

| Am (3) | Az (3) | Vd (3) | Vm (3) |

- Doze triângulos de mesmo tamanho para cada grupo, sendo: três triângulos amarelos, três azuis, três verdes e três vermelhos.

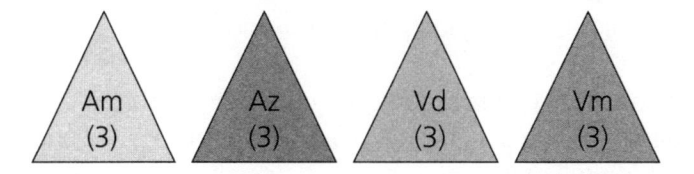

| Am (3) | Az (3) | Vd (3) | Vm (3) |

- Todo o material dessa atividade pode ser feito em EVA ou papel.

- Um dado branco para cada grupo, de plástico, de preferência.

Como jogar

1 O círculo cinza é colocado sobre a mesa, cada jogador escolhe uma cor e retira as figuras geométricas da cor escolhida.

2 O jogador indicado para iniciar atira o dado.

3 Caso o dado mostre os números 1, 2 ou 3 o jogador coloca uma das figuras geométricas da cor escolhida sobre o círculo e passa a jogada para o próximo.

4 Se o dado mostrar os números 4, 5 ou 6 o jogador perde a vez e passa a jogada para o próximo.

5 Uma vez colocada uma figura geométrica sobre o círculo, ela não pode ser movida; caso isso aconteça, o jogador perde uma jogada.

6 Vence o jogador que no final tiver o menor número de figuras geométricas da cor escolhida fora do círculo.

7 Modelo com algumas figuras geométricas:

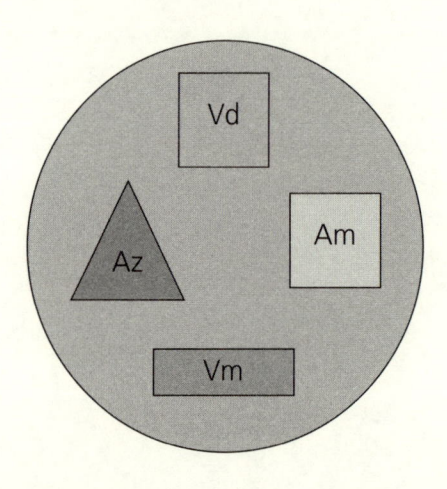

Meu guarda-tudo!

◆ Especificações

- Participantes: a partir de 4 anos.

- Principais dificuldades trabalhadas: atenção, cores, coordenação motora, expressão oral, seqüência lógica, socialização, identificação de alimentos e algumas vantagens de ter uma alimentação saudável.

- Material: folhas de cartolina.

Material

◆ Uma cartolina azul, para montar o fundo, e outra branca, para os bolsos, conforme a sugestão abaixo. O tamanho fica a critério do professor.

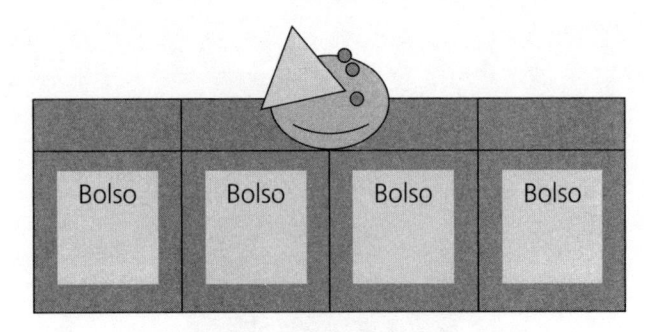

| Bolso | Bolso | Bolso | Bolso |

Como jogar

1 Previamente, cada aluno coloca em um dos bolsos três rótulos diferentes de seus alimentos preferidos.

2 Individualmente, cada aluno escolhe um bolso e retira um rótulo, faz um breve comentário sobre o alimento do rótulo retirado e tenta adivinhar qual dos colegas o colocou.

3 O professor registra um ponto toda vez que o aluno acertar o nome do colega.

4 Vence o aluno que conquistar maior número de pontos.

5 Ao final da atividade, o professor pode orientar um diálogo a respeito das vantagens de uma alimentação saudável.

6 Além de servir de atividade lúdica para os alunos, pode ornamentar a sala de aula. É um porta-objetos que pode guardar não só rótulos de alimentos, como pequenas gravuras, pequenos objetos de coleção e brinquedos, joguinhos, revistinhas ou objetos pessoais.

Quem sou?

Especificações

- Participantes: a partir de 4 anos, em pequenos grupos.

- Principais dificuldades trabalhadas: atenção, socialização, expressão oral, seqüência lógica e noção de tempo.

- Material: um painel e fotos dos alunos.

Material

- Um painel para cada turma de alunos, conforme a sugestão abaixo.

- Fotos dos alunos para serem fixadas no painel e formar o "Quem sou?".

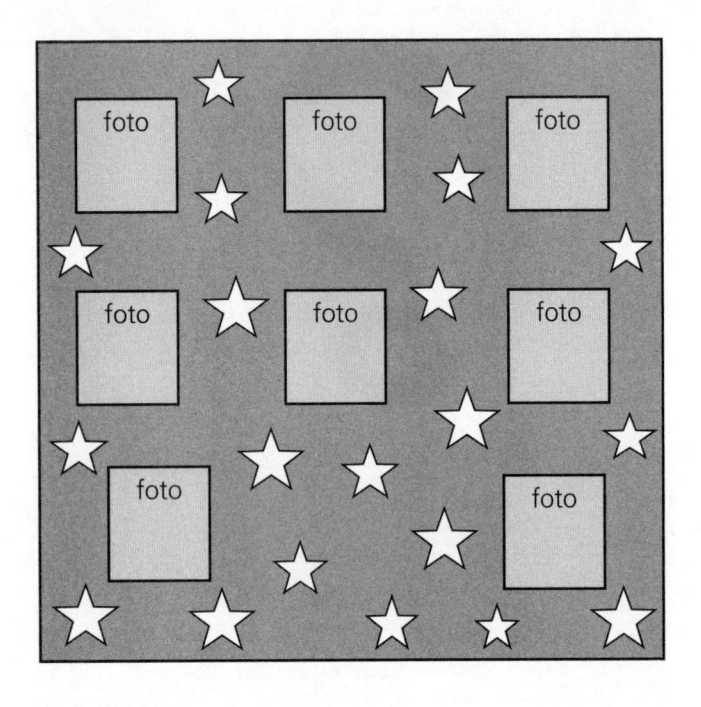

- Fotos dos alunos em ocasiões diversas para a montagem da seqüência lógica.

Como jogar

Etapa 1

1 O professor prende o painel na lousa com uma foto de cada aluno.

2 Individualmente, os alunos precisam identificar a foto apontada pelo professor.

3 O professor registra um ponto para o aluno que primeiro identificar o colega da foto apontada pelo professor.

4 Vence o aluno que conquistar o maior número de pontos.

5 Individualmente, os alunos relatam uma de suas próprias características aos colegas.

Etapa 2

1 Colocando as suas fotos em seqüência lógica, a criança monta a sua própria linha de tempo e tem oportunidade de contar oralmente a sua história.

Tique-taque

Especificações

- Participantes: a partir de 4 anos.

- Principais dificuldades trabalhadas: atenção, coordenação motora, socialização, expressão oral, seqüência lógica, números de 1 a 12, leitura das horas noturnas e diurnas e noção de tempo.

- Material: um relógio grande.

Material

- Um relógio, que o professor pode montar em papel-cartão.

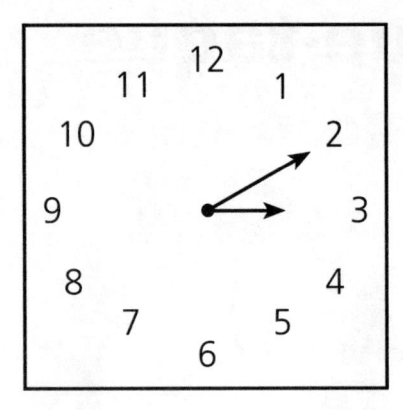

Como jogar

1 O professor prende o relógio na lousa e divide a turma em grupos de três alunos.

2 Faz perguntas aos alunos, como hora de dormir, de acordar, de ir para a escola, das refeições, de brincar, de realizar as tarefas escolares, de passear e outros compromissos do mundo infantil.

3 O professor marca um ponto para o grupo que primeiro responder e registrar o horário solicitado corretamente.

4 Vence o grupo que conquistar o maior número de pontos.

5 Por último, cada aluno relata aos colegas uma vivência relacionada com relógio.

Números mágicos

Especificações

- Participantes: a partir de 4 anos, em duplas.

- Principais dificuldades trabalhadas: atenção, coordenação motora, cores, lateralidade e números de 1 a 8.

- Material: dezesseis fichas e um dado.

Material

♦ Quatro fichas amarelas para cada grupo, montadas conforme a sugestão abaixo.

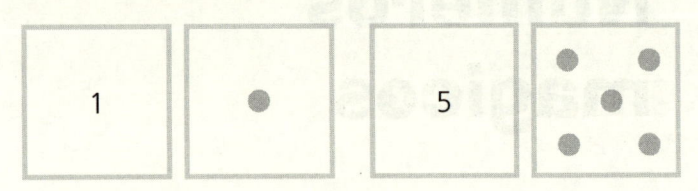

♦ Quatro fichas azuis para cada grupo, montadas conforme a sugestão abaixo.

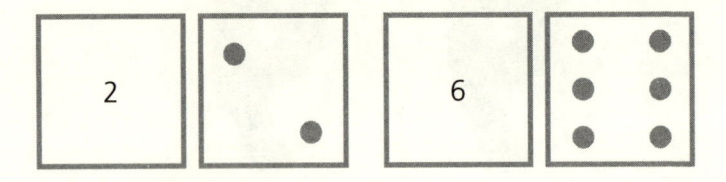

♦ Quatro fichas verdes para cada grupo, montadas conforme a sugestão abaixo.

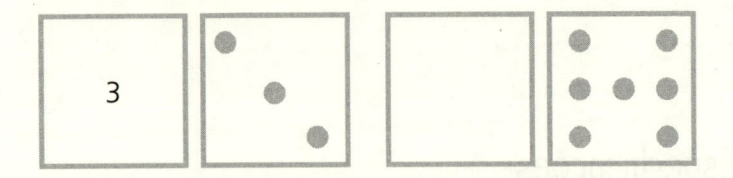

- Quatro fichas vermelhas para cada grupo, montadas conforme a sugestão abaixo.

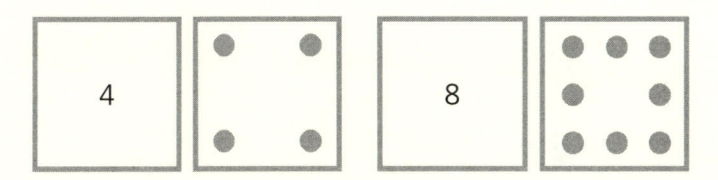

| 4 | • •
 • • | 8 | • • •
 •   •
 • • • |

- Todas as fichas dessa atividade podem ser em cartolina.

- Um dado de plástico na cor branca ou a critério do professor

◆ Como jogar

1 O professor embaralha as fichas e coloca-as sobre a mesa, viradas para baixo.

2 O jogador escolhido para iniciar o jogo vira duas fichas. Os demais jogadores olham as fichas. Se as fichas não formarem um par, o jogador vira-as para baixo novamente, no mesmo lugar, e passa a jogada para o próximo.

3 Se elas formarem um par, o jogador retira da mesa as fichas viradas e passa a jogada para o próximo.

4 O último par de fichas que sobrar na mesa não tem valor para nenhum jogador.

5 Vence o jogador que tiver maior número de pares conquistados.

PARTE 2

Educação Infantil: crianças semi-alfabetizadas

PARTE 2

Educação infantil: crianças semi-alfabetizadas

Bingo-surpresa!

Especificações

- Participantes: a partir de 5 anos, em grupos de dois a quatro jogadores.

- Principais dificuldades trabalhadas: atenção, coordenação motora, cores, números de 1 a 9 e figuras geométricas.

- Material: quatro cartelas, quarenta fichas, dezesseis fichinhas e um saco plástico.

Material

♦ Uma cartela amarela, com os números e os contornos das figuras em preto, montada conforme sugestão abaixo.

1	☐	Bingo-surpresa	4	7
2	5	○	8	0
△	3	6	9	▭

♦ Uma cartela azul, com os números e os contornos das figuras em preto, montada conforme sugestão abaixo.

9	▭	5	☐	Bingo-surpresa
8	2	3	1	7
△	○	4	0	6

- Uma cartela verde, com os números e os contornos das figuras em preto, montada conforme sugestão abaixo.

0	5	2	6	4
7	1	8	3	9
□	▭	○	△	Bingo-surpresa

- Uma cartela vermelha, com os números e os contornos das figuras em preto, montada conforme sugestão abaixo.

1	3	0	8	6
○	△	Bingo-surpresa	□	▭
2	4	9	7	5

- Dez fichas amarelas para cada grupo, cada ficha com um dos seguintes números grafados em preto: 0, 1, 2, 3, 4, 5, 6, 7, 8, 9, montada conforme sugestão abaixo. O verso das dez fichinhas juntas deve formar um quebra-cabeça com a gravura de uma casinha de bonecas e crianças brincando.

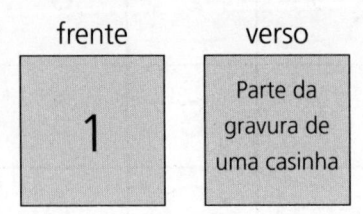

frente	verso
1	Parte da gravura de uma casinha

- Dez fichas azuis para cada grupo, com as mesmas características das fichas amarelas, porém o verso das dez fichas juntas deve formar um quebra-cabeça com a gravura de uma bicicleta, um menino e uma menina.

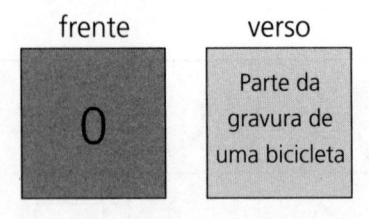

frente	verso
0	Parte da gravura de uma bicicleta

- Dez fichas verdes para cada grupo, com as mesmas características das fichas amarelas, porém o verso das dez fichas juntas deve formar um quebra-cabeça com a gravura de uma roda-gigante com várias crianças.

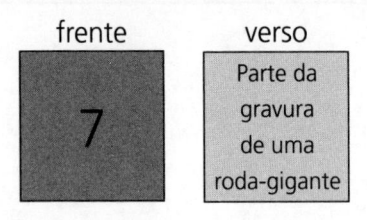

frente	verso
7	Parte da gravura de uma roda-gigante

- Dez fichas vermelhas para cada grupo, com as mesmas características das fichas amarelas, porém o verso das dez fichas juntas deve formar um quebra-cabeça com a gravura de um circo e de um palhaço.

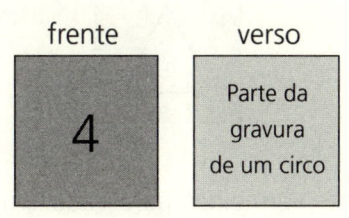

frente | verso

4 | Parte da gravura de um circo

- Quatro fichinhas amarelas para cada grupo, cada uma delas com o contorno de uma figura geométrica: grafado em tinta preta: quadrado, retângulo, triângulo e círculo, conforme sugestão abaixo.

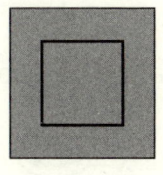

- Quatro fichinhas azuis para cada grupo com as mesmas características das fichinhas amarelas.

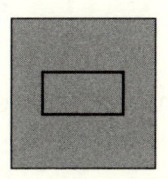

- Quatro fichinhas verdes para cada grupo com as mesmas características das fichinhas amarelas.

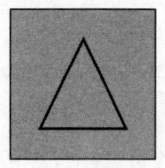

- Quatro fichinhas vermelhas para cada grupo com as mesmas características das fichinhas amarelas

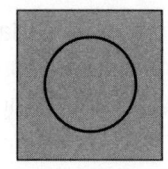

- Um saco plástico para cada grupo, de preferência na cor preta.

- Todas as fichas podem ser confeccionados em cartolina.

Como jogar

Etapa 1

1 Distribuir as cartelas para os grupos.

2 Colocar as fichas e as fichinhas dentro do saco plástico.

3 Escolher um jogador para sorteá-las. O jogador que sorteia também participa do jogo.

4 Cada grupo deve observar a cor da cartela recebida.

5 O jogador escolhido sorteia uma peça de cada vez. Ele deve dizer a cor da peça sorteada e a figura geométrica ou o número.

6 Entregar essa peça sorteada para o grupo que possuir a cor e a figura geométrica ou o número idêntico na cartela dele. A peça recebida é colocada sobre a cartela no respectivo espaço.

7 Perde uma jogada o grupo que pegar uma peça que não possuir correspondente na cartela dele. Nesse caso, a peça volta para o saco plástico.

8 Vence o grupo que primeiro completar corretamente a cartela.

9 Seguir o jogo até que todas as peças tenham sido sorteadas e todas as cartelas, completas.

Etapa 2

1 Virar as fichas com números e montar o quebra-cabeça. Será excluído do jogo o jogador que não aguardar o sinal do professor para o início dessa etapa.

2 Vencerá o jogo aquele que primeiro montar o quebra-cabeça corretamente.

3 Dar seqüência ao jogo até que todos os quebra-cabeças tenham sido montados.

Bingo "G" ou "J"

B	I	N	G	O
G	J	G	J	G
J	G	J	G	J
G	J	●	J	G
J	G	J	G	J
G	J	G	J	G

Especificações

- Participantes: a partir de 6 anos, em grupos de dois a quatro jogadores.

- Principais dificuldades trabalhadas: atenção, coordenação motora, cores, alfabeto maiúsculo e minúsculo, ortografia, vocabulário, troca de letras "g/j" e leitura.

- Material: um tabuleiro, setenta e uma fichas e um dado.

Material

◆ Um tabuleiro para cada grupo de quatro alunos, montado conforme sugestão abaixo.

Gravura de anjo	a	n	j	o			
Gravura de tigela	t	i	g	e	l	a	
Gravura de garrafa	g	a	r	r	a	f	a
Gravura de beringela	b	e	r	i	n	g	e	l	a
Gravura de galinha	g	a	l	i	n	h	a
Gravura de sargento	s	a	r	g	e	n	t	o
Gravura de queijo	q	u	e	i	j	o	
Gravura de laje	l	a	j	e			
Gravura de gelo	g	e	l	o			
Gravura de giz	g	i	z				
Gravura de jibóia	j	i	b	ó	i	a	
Gravura de canjica	c	a	n	j	i	c	a

- As fichas devem ter tamanho proporcional ao tabuleiro, letras grafadas com maiúsculo, nas cores e quantidades indicadas abaixo.

Treze fichas vermelhas com a letra "A".

A

Cinco fichas vermelhas com a letra "N".

N

Cinco fichas azuis com a letra "J".

J

Quatro fichas vermelhas com a letra "O".

O

Duas fichas vermelhas com a letra "T".

T

Oito fichas vermelhas com a letra "I"

I

Sete fichas verdes com a letra "G".

G

Sete fichas vermelhas com a letra "E".

E

Cinco fichas vermelhas com a letra "L".

L

Quatro fichas vermelhas com a letra "R".

R

Uma ficha vermelha com a letra "F".

F

Duas fichas vermelhas com a letra "B".

B

Uma ficha vermelha com a letra "H".

H

Uma ficha vermelha com a letra "S".

S

Uma ficha vermelha com a letra "Z".

Z

Uma ficha vermelha com a letra "Ó", com acento.

Ó

Uma ficha vermelha com a letra "U".

U

Uma ficha vermelha com a letra "Q".

Q

Duas fichas vermelhas com a letra "C".

C

- Todo o material dessa atividade pode ser confeccionado em cartolina.

- O dado pode ser branco e de plástico, de preferência.

Como jogar

1 Colocar o tabuleiro no centro da mesa de cada grupo.

2 Distribuir as fichas entre os jogadores em número igual e sem observar as cores. O restante das fichas é colocado sobre a letra correspondente do tabuleiro.

3 O jogador escolhido para iniciar lança o dado.

4 Se o dado mostrar os números 1 ou 2, o jogador coloca uma ficha vermelha sobre a letra correspondente do tabuleiro e passa a jogada para o próximo.

5 Se o dado mostrar o número 3, o jogador coloca uma ficha verde sobre a letra correspondente do tabuleiro e passa a jogada para o próximo.

6 Se o dado mostrar o número 4, o jogador coloca uma ficha azul sobre a letra correspondente do tabuleiro e passa a jogada para o próximo.

7 Se o dado mostrar o número 5, o jogador escolhe a cor de ficha para colocar sobre uma letra correspondente do tabuleiro e passa a jogada para o próximo.

8 Se o dado mostrar o número 6, o jogador perde uma jogada e passa a jogada para o próximo.

9 Perde uma jogada o jogador que colocar uma ficha em lugar errado sobre o tabuleiro.

10 O jogador passa a jogada para o próximo se não possuir a ficha da cor correspondente ao número mostrado pelo dado.

11 Vence o grupo que primeiro colocar todas as fichas sobre o tabuleiro.

12 O jogo segue até que todos os grupos tenham colocado as fichas sobre o tabuleiro.

Caçando letras

Especificações

- Participantes: a partir de 6 anos, em grupos de dois a quatro jogadores.

- Principais dificuldades trabalhadas: atenção, ortografia, vocabulário, leitura e troca de letras "s/ss/ç".

- Material: um tabuleiro, noventa e seis marcadores e uma roleta.

Material

◆ Um tabuleiro para cada grupo de alunos, montado conforme a sugestão abaixo. Outra sugestão é apresentar apenas os contornos das gravuras.

Gravura de pássaro	Gravura de casa	Gravura de maçã	Gravura de caçador
PÁSSARO	CASA	MAÇÃ	CAÇADOR
Gravura de casaco	Gravura de criança	Gravura de pêssego	Gravura de asa
CASACO	CRIANÇA	PÊSSEGO	ASA
Gravura de massa	Gravura de vassoura	Gravura de trança	Gravura de taça
MASSA	VASSOURA	TRANÇA	TAÇA
Gravura de coração	Gravura de vaso	Gravura de osso	Gravura de camiseta
CORAÇÃO	VASO	OSSO	CAMISETA
Gravura de bússola	Gravura de rosa	Gravura de onça	Gravura de braço
BÚSSOLA	ROSA	ONÇA	BRAÇO
Gravura de casal	Gravura de mesa	Gravura de girassol	Gravura de assadeira
CASAL	MESA	GIRASSOL	ASSADEIRA

◆ Vinte e quatro marcadores amarelos para todo o grupo, montados conforme a sugestão abaixo.

S   **SS**   **Ç**

- Vinte e quatro marcadores azuis para todo o grupo, montados conforme a sugestão abaixo.

| S | SS | Ç |

- Vinte e quatro marcadores verdes para todo o grupo, montados conforme a sugestão abaixo.

| S | SS | Ç |

- Vinte e quatro marcadores vermelhos para todo o grupo, montados conforme a sugestão abaixo.

| S | SS | Ç |

- Uma roleta para cada grupo de alunos, montada conforme sugestão abaixo.

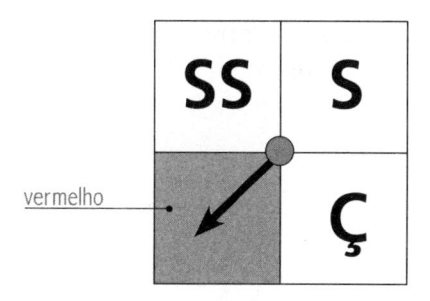

| SS | S |
| vermelho | Ç |

- Todo o material pode ser confeccionado em cartolina.

Como jogar

1 Colocar o tabuleiro e a roleta no centro da mesa.

2 Cada jogador escolhe uma cor de marcador e retira os correspondentes à cor escolhida.

3 O jogador escolhido para iniciar roda a roleta e coloca um dos marcadores correspondentes à letra ou às letras apontadas pela roleta sobre uma das palavras do tabuleiro redigidas com a mesma letra ou as mesmas letras e passa a jogada para o próximo.

4 Se não encontrar uma palavra redigida com a mesma letra ou com as mesmas letras apontadas pela roleta, o jogador passa a jogada para o próximo.

5 Se a seta parar na cor vermelha, o jogador perde uma jogada.

6 Se colocar o marcador em lugar errado sobre o tabuleiro, o jogador perde uma jogada.

7 Vence o jogador que ao final possuir mais marcadores da cor escolhida sobre o tabuleiro.

Gosto de animais

Especificações

- Participantes: a partir de 6 anos, em grupos de dois a quatro jogadores.

- Principais dificuldades trabalhadas: atenção, coordenação motora, ortografia, vocabulário, frases, operação matemática de adição, socialização e identificação de animais.

- Material: um tabuleiro, cento e vinte fichinhas e um dado.

Material

◆ Um tabuleiro para cada grupo de alunos, montado conforme sugestão abaixo.

Coluna 1	Coluna 2	Coluna 3	Coluna 4
Gravura de ovelha — OVELHA 1	Gravura de borboleta — BORBOLETA 2	Gravura de zebra — ZEBRA 5	Gravura de macaco — MACACO 4
Gravura de gato — GATO 5	Gravura de coelho — COELHO 2	Gravura de vaca — VACA 3	Gravura de galinha — GALINHA 1
Gravura de pássaro — PÁSSARO 3	Gravura de abelha — ABELHA 4	Gravura de pato — PATO 6	Gravura de cachorro — CACHORRO 2
Gravura de girafa — GIRAFA 1	Gravura de tigre — TIGRE 3	Gravura de porco — PORCO 4	Gravura de elefante — ELEFANTE 6
Gravura de cavalo — CAVALO 2	Gravura de foca — FOCA 1	Gravura de leão — LEÃO 5	Gravura de peixe — PEIXE 6

◆ Quatro fichinhas com cada um dos seguintes números: 1, 2, 3, 4, 5, 6, feitas conforme a sugestão abaixo.

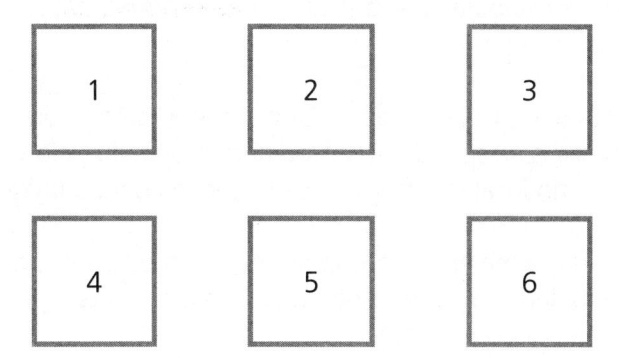

1	2	3
4	5	6

◆ O dado pode ser branco e de plástico, de preferência.

Como jogar

1 Colocar o tabuleiro e as fichas, viradas para cima, sobre a mesa.

2 O jogador iniciante joga o dado sobre a mesa, retira uma fichinha correspondente ao número mostrado pelo dado, coloca no local indicado e passa a jogada para o próximo.

3 Se o dado mostrar um número que não esteja disponível no tabuleiro, o jogador não retira uma fichinha e passa a jogada para o próximo.

4 O jogador perde duas jogadas seguidas se retirar uma fichinha que não corresponda ao número mostrado pelo dado no tabuleiro.

5 Vence o grupo que primeiro totalizar mais pontos com as fichinhas retiradas, somando os números que estiverem em suas fichas.

6 Individualmente, cada aluno escolhe um dos animais e redige uma frase, obedecendo aos critérios estabelecidos pelo professor. Depois, oralmente, explica a frase redigida para os colegas.

Bibliografia

ABERASTURY, Arminda. *A criança e seus jogos*. Porto Alegre, Artmed, 1992.

BROUGÈRE, Gilles. *Jogo e educação*. Porto Alegre, Artmed, 1998.

CAGLIARI, Luiz Carlos. *Alfabetização & lingüística*. São Paulo, Scipione, 1989.

CHALITA, Gabriel. *Educação – A solução está no afeto*. 9ª ed. São Paulo, Gente, 2004.

—. *Pedagogia do amor*. 2ª ed. São Paulo, Gente, 2003.

CUBERES, Maria Teresa González. *Entre as fraldas e as letras – Contribuições à educação infantil*. 2ª ed. Porto Alegre, Artmed, 1997.

DE LA TAILLE, Yves. *Piaget, Vygotsky, Wallon – Teorias psicogenéticas em discussão*. São Paulo, Summus, 1992.

DEVRIES, Constance Kamil Rheta. *Piaget para a educação pré-escolar*. 2ª ed. Porto Alegre, Artmed, 1992.

FAZENDA, Ivani (org.). *Interdisciplinaridade na educação brasileira – 20 anos*. São Paulo, Criarp, 2006.

FERRÉS, Joan. *Televisão e educação*. Porto Alegre, Artmed, 1996.

FRIEDMANN, Adriana. *Brincar: Crescer e aprender – O resgate do jogo infantil*. São Paulo, Moderna, 1996.

GOODMAN, Yetta M. (org.). *Como as crianças constroem a leitura e a escrita: Perspectivas piagetianas*. Porto Alegre, Artmed, 1995.

HOLZMANN, Maria Eneida F. *Jogar é preciso*. Porto Alegre, Artmed, 1998.

HUTCHISON, David. *Educação ecológica*. Porto Alegre, Artmed, 2000.

LEBOVICI, Serge e DIATKINE, René. *Significado e função do brinquedo na criança*. 3ª ed. Porto Alegre, Artmed, 1988.

LURIA, Alexander e YUDOVICH. *Linguagem e desenvolvimento intelectual na criança*. 2ª ed. Porto Alegre, Artmed, 1987.

MACEDO, Lino de. *Os jogos e o lúdico na aprendizagem escolar.* Porto Alegre, Artmed, 2005.

MAGDALENA, Beatriz Corso. *Internet em sala de aula.* Porto Alegre, Artmed, 2003.

MOYLES, Janet R. *Só brincar.* Porto Alegre, Artmed, 2002.

MOYLES, Janet R. et al. (coords.). *A excelência do brincar.* Porto Alegre, Artmed.

MURCIA, Juan Antônio Moreno (org.). *Aprendizagem através do jogo.* Porto Alegre, Artmed, 2005.

OLIVEIRA, Vera Barros de (org.). *O brincar e a criança – Do nascimento aos seis anos.* Petrópolis, Vozes, 2000.

RAMAL, Andréa Cecília. *Educação na cibercultura.* Porto Alegre, Artmed, 2002.

RODRIGUES, Rejane Penna (org.). *Brincalhão – Uma brinquedoteca itinerante.* Petrópolis, Vozes, 2000.

RUSCHEINSKY, Aloísio (org.). *Educação ambiental.* Porto Alegre, Artmed, 2002.

SANTOMÉ, Jurjo Torres. *Globalização e interdisciplinaridade – O currículo integrado.* Porto Alegre, Artmed, 1998.

SANTOS, Santa Marli Pires dos. *Brinquedo e infância.* 2ª ed. Petrópolis, Vozes, 2000.

SANTOS, Santa Marli Pires dos (org.). *Brinquedoteca – A criança, o adulto e o lúdico.* Petrópolis, Vozes, 2000.
—. *O lúdico na formação do educador.* 3ª ed. Petrópolis, Vozes, 1999.

VILAS BOAS, Magda. *Crianciranda – Terapia corporal com crianças.* São Paulo, Loyola, 1995.

Coleção Atividades Pedagógicas
- *A ortografia está correta?*
- *Jogando e aprendendo a redigir com criatividade*
- *Educador criativo*